Rente einfach erklärt

- Dein Weg zur erfolgreichen Altersvorsorge -

Torsten M. M. Grimmelt
1. Auflage

Inhaltsverzeichnis

1. Vorwort
2. Inflation und der Verfall des Geldwertes
3. Erfolgreiches Sparen
4. Die drei Säulen der Altersversorgung
   - 4.1. Die geförderte Altersvorsorge
   - 4.2. Die gesetzliche Rentenversicherung
   - 4.3. Die private Altersvorsorge
5. Immobilien
   - 5.1. Die eigengenutzte Immobilie
   - 5.2. Immobilie als Kapitalanlage
6. Aktienmarkt/ETF Portfolio
   - 6.1. Was sind ETFs
   - 6.2. Wie du anfängst
   - 6.3. Dein erster Sparplan
   - 6.4. Worauf du bei deinen ETFs achten solltest
   - 6.5. Auch in andere ETFs investieren?
   - 6.6. Die Gewichtung der einzelnen ETFs
   - 6.7. Der Börsencrash
   - 6.8. Einzelaktien, Anleihen und Rohstoffe
7. Schlusswort
8. Haftungsausschluss

1. Vorwort

Dieser Ratgeber richtet sich an all diejenigen, die das Thema Altersvorsorge bisher auf die lange Bank geschoben haben. Verständlich, denn warum sollte man sich mit dem vermeintlich langweiligsten aller Themen auch jetzt schon beschäftigen, wenn der Renteneintritt in so ferner Zukunft liegt. Genau so erging es auch mir. Jahr für Jahr habe ich den imaginären Wecker auf Snooze gestellt, um dann wieder 365 Tage zu warten, bis es klingelt. Irgendwann wurde das schlechte Gewissen dann doch zu groß und ich konnte die Vernunft nicht mehr dazu bewegen, noch ein letztes Mal die Snooze-Taste zu betätigen.

Wie gewohnt erhielt ich im Juli dieses wunderschöne Schreiben der Deutschen Rentenversicherung und schaute mir genau an, wie viel Geld mich denn nun im Alter von 67 Jahren (Stand heute) erwartet. Welche Reichtümer mir aus meinem selbst eingezahlten Geld am Ende meines Arbeitslebens beschert werden würden, um dann endlich neben der Zeit auch die finanzielle Unabhängigkeit zu besitzen, für Reisen, Konsum und andere kleine Belustigungen.

Nach kurzem Gedankenspiel wurde mir bewusst, dass die bezifferte Rente womöglich gerade so zum Leben reichen wird, höchstwahrscheinlich aber auch nicht. Dabei hatte ich zu diesem Zeitpunkt noch nicht einmal berücksichtigt, dass die Kaufkraft in über 30 Jahren eine ganz andere sein wird als heute und meine Rente somit viel weniger Wert sein wird. Also fing ich an, mich über Monate hinweg mit dem Thema Altersvorsorge zu beschäftigen, um im Alter würdevoll zu leben, ohne Nebenjobs annehmen zu müssen. Aufgrund meines Berufes, als Angestellter einer Steuerberatungsgesellschaft, lag dies auch Nahe, da ich zwangsläufig täglich mit Themen wie Finanzen und Altersvorsorge konfrontiert werde. Viele hunderte Stunden habe ich investiert, da ich nicht mit gefährlichem Halbwissen glänzen wollte, um dann bei Renteneintritt festzustellen, dass alles nicht ganz so clever war, was ich damals recherchiert hatte.

Dir möchte ich mit Hilfe dieses Buches zumindest ein paar der Stunden des Lernens, Rechnens und Recherchierens abnehmen und dir den Einstieg in diese Thematik erleichtern. Eines sollte dir dabei klar sein, ein wenig Aufwand gehört nun mal dazu und sei es nur das Lesen dieses Ratgebers. Wenn du also auf der Suche bist, um das scheinbar unsexieste Thema der Welt endlich in die eigenen Hände zu nehmen, schließe dich mir an im Kampf gegen die eigene Altersarmut.

Stück für Stück werde ich dir erklären, was es für Möglichkeiten gibt und welche sinnvoll sind, damit du im hohen Alter ausschließlich deine eigenen Pfandflaschen zum Automaten bringen musst.

In den nächsten Kapiteln werde ich dir zunächst ein Grundwissen vermitteln, damit du ein Verständnis dafür entwickelst, was deine Rente beinhaltet, was sie beeinflusst und was du tun kannst, um einen direkten Mehrwert zu erhalten. Betrachte dieses Buch als Inspiration sich mit dem Thema weiter auseinanderzusetzen und gleichzeitig auch den Einstieg in dein eigenes Investment-Portfolio zu finden.

2. Inflation und der Verfall des Geldwertes

Du kommst von einem anstrengenden Arbeitstag nach Hause und auf dem Tisch liegt das besagte Schreiben der Deutschen Rentenversicherung mit deiner voraussichtlichen Rente bei regulärem Renteneintritt. Du hast eine gute Anstellung und kommst auf eine wirklich solide staatliche Altersunterstützung von rund 2.000,00 € brutto pro Monat. Brutto, da die Renteneinkünfte natürlich noch versteuert werden müssen und deine Kranken- und Pflegeversicherung ebenfalls noch bezahlt werden muss. Eine Rente in dieser Höhe sollte, sofern man auf die Rolex an beiden Handgelenken verzichten kann, ausreichen, um problemlos im Hier und Jetzt davon zu leben und sich gelegentlich etwas zu gönnen.

Das Problem daran ist, dass du neben den Kürzungen durch Lohnsteuer und Sozialabgaben die Rente nicht heute ausgeben kannst, sondern erst in 30 bis 40 Jahren. Und diese Zeitspanne macht den großen Unterschied zwischen einem angenehmen Altersruhestand und der Altersarmut. Das Zauberwort heißt Inflation. Jeder von uns hat sich bereits schon einmal darüber aufgeregt, wie viel die Eiskugel bei unserem Eismann des Vertrauens früher gekostet hat und wie teuer sie inzwischen ist. Im nächsten

Schritt erfolgt dann am besten noch die schnelle Umrechnung in D-Mark, um der eigenen Entrüstung vollends den Steilpass geben zu können. Fälschlicherweise könnte man nun davon ausgehen, dass der Inhaber der Eisdiele lieber fünf statt einem Ferrari in seiner Garage stehen hat, doch die Wahrheit hinter diesem Phänomen liegt in unserer Marktwirtschaft vergraben. Der stetige Preisanstieg von Gütern und Dienstleistungen ist unaufhaltsam verankert. Alles, was man mit Geld kaufen kann, wird teurer und sorgt für einen Kaufkraftverlust des Geldes. Die Europäische Zentralbank versucht, durch aktive Steuerung des Geldmarktes diesen Kaufkraftverlust auf jährlich 2% zu begrenzen.

Auch für unsere monatliche Bruttorente bedeutet dies einen jährlichen Wertverlust. Anhand unseres Beispiels muss man nun jedes Jahr – über 35 Jahre hinweg – 2% des zukünftigen Rentennettobetrages abziehen, um auf einen vergleichbaren Wert zu kommen, der unserer heutigen Kaufkraft entspricht. Bei einer angenommenen Bruttorente von 2.000,00 € bleiben nach Abzug von Lohnsteuer und Sozialversicherung noch rund 1.550,00 € übrig. Abzüglich einer vermuteten Inflation von jährlich 2% würde dies einer tatsächlichen Kaufkraft von ca. 775,00 € entsprechen. Eine erschreckende Vorstellung, wenn man bedenkt, dass man für diesen Betrag 35 Jahre in die Rentenkasse einzahlen musste.

Wie du an dem Beispiel eines Arbeitnehmers aus der gehaltsmäßig oberen Mittelschicht sehen kannst, ist die Altersarmut keine Fiktion, sondern drückende Realität, die jedes Jahr den Finger etwas tiefer in die Wunde bohrt. Wenn du nicht handelst, wirst du irgendwann von dem Thema eingeholt. Daher liegt es an dir, möglichst zeitnah zu handeln.
Oder möchtest du lieber in 35 Jahren nörgelnd über dem Fenstersims hängend die spielenden Nachbarskinder beschimpfen und dem bösen Staat die Schuld an deiner Misere geben? Eigenverantwortung heißt das Stichwort!

3. Erfolgreiches Sparen

Als allererstes solltest du dir einen kurzen Überblick über deine Finanzen verschaffen. Bevor du dir Gedanken darüber machen kannst, welches das für dich beste Produkt zur Altersvorsorge darstellt, musst du wissen, wie viel Geld du schmerzfrei investieren kannst. Dieses zu investierende Kapital bildet den Grundstock für deine Altersabsicherung und sollte bestenfalls monatlich – direkt nach Gehaltseingang - automatisiert von deinem Konto abgebucht werden. Du solltest dabei einen monatlichen Betrag wählen, der dich finanziell nicht einschränkt, aber dennoch einen nicht irrelevanten Prozentsatz von deinem Nettoeinkommen darstellt. Ob das nun 5, 10, 20 oder mehr Prozent sind, hängt natürlich von der Höhe deines Einkommens und deinem Lebensstil ab. Wenn auf deinem Konto monatlich nur 1.000,00 € eingehen, wird es kaum möglich sein, 20 % davon in die eigene Altersvorsorge zu investieren. Bei einer monatlichen Nettoauszahlung von rund 3.000,00 € ist es bei einem nicht übermäßig luxuriösen Lifestyle durchaus möglich 600,00 € zu sparen. Jeder muss hier seinen eigenen Weg finden und sollte sich nicht mit anderen vergleichen.

Zweifelsohne solltest du dir einen Überblick über deine Finanzen verschaffen. Einen Haushaltsplan kannst du mit Hilfe von frei zugänglichen Vorlagen – oder auch in Eigenregie – in wenigen Minuten erstellen. Das Grundkonzept bleibt dabei stets dasselbe: Wie viel Geld bleibt bei Gegenüberstellung von Einnahmen und Ausgaben am Ende des Monats noch übrig?

Bei einigen der Leser wird die glorreiche Null am Ende der Rechnung übrigbleiben. Das liegt daran, dass wir unsere Ausgaben überwiegend am Einkommen ausrichten und nicht an den tatsächlichen Bedürfnissen. Ich möchte keineswegs dazu aufrufen, sich fortan ausschließlich von Wasser und Brot zu ernähren und das gelegentliche „Netflix and chill“ auf ein „and chill“ zu minimieren. Vielmehr möchte ich dich dazu anregen, dir Gedanken über deine Ausgaben zu machen und durch kleine Veränderungen einen positiven Effekt zu erzielen.

Zahlst du zum Beispiel monatlich oder quartalsweise Kontoführungsgebühren für dein Girokonto? Kein Problem, wenn du weiterhin daran interessiert bist den armen deutschen Banken unter die Arme zu greifen, hast du dich für das richtige Konzept entschieden. Falls nicht, könntest du deinem inneren Faultier einen kleinen Tritt geben und ein Konto bei einer Bank eröffnen, bei der du keine Gebühren für dein Girokonto bezahlen musst. Bei einem monatlichen Geldeingang von 1.000,00 € verzichten bereits die meisten Banken auf die Erhebung einer Gebühr, bei manchen Banken gibt es sogar schon kostenlose Girokonten ohne monatlichen Eingang.

Im Regelfall wird ein nicht zu verkennender Anteil deiner Ausgaben für die Absicherung verwendet. Neben den Pflichtversicherungen wie Kranken- und KFZ-Haftpflichtversicherungen gibt es noch die zusätzlichen Versicherungen, wie die private Haftpflicht-, die Rechtsschutz- und die Berufsunfähigkeitsversicherung. Jeder sollte diese Versicherungen einmal im Jahr auf den Prüfstand stellen und Preise vergleichen. Dies bezieht sich nicht nur auf die freiwilligen Versicherungen, sondern auch auf die gesetzliche oder private Krankenversicherung. Hier kann man u. a. zu einem Anbieter wechseln, der einen geringeren Zusatzbeitrag erhebt oder allgemein günstiger ist für bestimmte Personengruppen. Auch die Anzahl der Versicherungen kann dein Haushaltsbudget kräftig schmälern. Viele Deutsche sind bis zum Schulterpolster überversichert und könnten durch die Kündigung von Versicherungspolicen eine Menge Geld einsparen. Ein Mindestmaß an Versicherungen benötigst du natürlich schon, wie zum Beispiel:

- Private Haftpflichtversicherung (zwingend notwendig)
- Berufsunfähigkeitsversicherung (zwingend notwendig)
- Risikolebensversicherung (u. a. von den Banken gefordert für den Kauf einer Immobilie zur Absicherung des Partners im Fall der Fälle)
- Hausratversicherung (durchaus noch sinnvoll, besonders für Bewohner von Mietwohnungen)
- Wohngebäudeversicherung/Elementarversicherung (sinnvoll für Immobilieneigentümer)
- Rechtsschutzversicherung (schon zweifelhaft, ob man diese Versicherung tatsächlich benötigt)

Solltest du weitere Versicherungen abgeschlossen haben, stell dir zumindest die Frage, ob du das Risiko des Schadeneintritts nicht doch lieber selber tragen möchtest und so die jährlichen Beiträge einsparen kannst.

Mir persönlich hat es geholfen, eigene Daueraufträge auf meinem Girokonto einzurichten. Am Monatsanfang werden direkt drei Daueraufträge ausgeführt, damit ich gar nicht erst in Versuchung verfalle, den nächstbesten H&M-Store leer zu kaufen. Ein Teil meines Gehalts wird direkt auf das Konto einer anderen Bank überwiesen (natürlich kostenlos), von dem alle laufenden Kosten beglichen werden wie Miete, Nebenkosten, Versicherungen und andere regelmäßige Ausgaben. Ein weiterer Dauerauftrag findet monatlich den Weg auf mein Tagesgeldkonto für unvorhersehbare Kosten wie Autoreparaturen oder andere Unannehmlichkeiten. Eben ein kleiner Puffer für all das, wofür man normalerweise keine Zeit und kein Geld hat. Die dritte Abbuchung zum Monatsanfang baut gemächlich meine Altersvorsorge auf. Alles was danach noch auf dem Girokonto übrig bleibt, verfällt leider viel zu oft der eigenen Konsumgeilheit. Ein unkompliziertes Konzept mit dem man den eigenen Verstand relativ leicht austricksen kann, zumindest klappt es bei mir ohne große Gegenwehr. Probiere es doch einfach mal aus. Der Versuch kostet nichts.

Ein weiterer Punkt ist der eben angesprochene Konsum. Was brauchen wir wirklich, was macht uns wirklich glücklich und womit wollen wir nur andere beeindrucken? Muss es zwingend die teure Uhr, das neueste Auto oder das Blattgold berieselte Steak sein? Ab einem bestimmten Einkommen solltest du dir diese Fragen nicht stellen müssen, aber du würdest vermutlich auch nicht diesen Ratgeber lesen, wenn du bereits am Ziel angekommen wärst. Umso wichtiger ist es, seinen eigenen Konsum in den Griff zu bekommen. Das heißt nicht, dass du auf alles verzichten sollst, sondern vielmehr, dass du dir nur das leistest, was du dir auch leisten kannst. Zur besseren Vorstellung hilft es, den eigenen Netto-Stundenlohn zu errechnen, diesen dann mit dem Wert des Objekts der Begierde abzugleichen und sich zu fragen, ob sich ein Kauf lohnt, im Vergleich zu den investierten Arbeitsstunden. In jedem Fall solltest du ein oder zwei Nächte über eine Entscheidung schlafen und wenn dann dein Wunsch nach dem Gegenstand immer noch so groß ist und du deine Arbeitszeitumrechnung durchgewunken hast, dann kaufe es dir.

4. Die drei Säulen der Altersversorgung

In Deutschland unterscheidet man zwischen den drei Säulen der Altersvorsorge. Um eine solide Altersvorsorge aufzubauen, ist es ratsam, in mindestens zwei der drei folgenden Säulen vertreten zu sein: Die Gesetzliche Rentenversorgung oder Basisversorgung, die betriebliche Vorsorge und die private Altersvorsorge.

Um einen genauen Überblick über deine Altersvorsorge zu bekommen, solltest du deine bereits bestehenden Verträge überprüfen. Die meisten Verträge wie zum Beispiel Lebensversicherungen und Riester-Renten scheinen nur auf den ersten Blick ein lukratives Vorsorgepaket zu sein. Es bedarf nicht viel Wissen, um nachzuvollziehen, wo die Schwächen des Vertrages liegen. Hat man erstmal angefangen, sich in die Materie hineinzuarbeiten, fällt es Schritt-für-Schritt leichter, die abgeschlossenen Verträge zu verstehen und ggf. auf bessere Produkte umzusteigen. Aber zunächst möchte ich dir ein paar Beispiele vorstellen. Aufgrund der Komplexität und Vielfalt an verschiedenen Altersvorsorgeverträgen werde ich nur die gängigsten Modelle kurz vorstellen.

4.1. Die gesetzliche Rentenversicherung

Anders als die anderen genannten Rentenmodelle, ist die gesetzliche Rentenversicherung über ein Umlageverfahren finanziert. Die jetzigen Arbeitnehmer tragen mit Ihren Beiträgen die derzeitig ausgezahlten Renten. Aufgrund des demographischen Wandels müssen immer weniger Arbeitnehmer und Rentenzahler immer mehr Rentner tragen. Die steigende Lebenserwartung der Bevölkerung und der einhergehenden Erhöhung des Altersdurchschnitts, wird sich das Renteneintrittsdatum in den kommenden Jahrzehnten weiter nach oben verschieben. Oder anders ausgedrückt, man bekämpft die Symptome, aber nicht die Ursache. Dabei liegt die Lösung doch so nah! Wenn man sich seinen eigenen Rentenbescheid zur Hand nimmt, steht unter der Überschrift „Zusätzlicher Vorsorgebedarf“: [1]

„Da die Renten im Vergleich zu den Löhnen künftig geringer steigen werden und sich somit die spätere Lücke zwischen Rente und Erwerbseinkommen vergrößert, wird eine zusätzliche Absicherung für das Alter wichtiger (Versorgungslücke). Bei der ergänzenden Altersvorsorge sollten Sie – wie bei Ihrer zu erwartenden Rente – den

---

[1] https://www.deutsche-rentenversicherung.de/DRV/DE/Ueber-uns-und-Presse/Presse/Pressemappen/renteninformation/bilder_renteninfo.html

Kaufverlust beachten.“

Die deutsche Rentenversicherung weist demnach ausdrücklich darauf hin, dass man nicht umhinkommt, eine private Altersvorsorge zusätzlich aufzubauen.

Nur in der Bundesregierung scheint dieses Kredo noch keinen Anklang gefunden zu haben. Erst im September 2019 verkündete unser Finanzminister Olaf Scholz, dass er selber sein gesamtes Vermögen auf einem Sparbuch platziere und er genauso unter der derzeitigen Nullzinsphase leide, wie alle anderen Bürger. Das mag aus seiner Sicht auch kein Problem darstellen, immerhin wird er eine äußerst angenehme Pension erhalten.

Für die Mittelschicht ist die Aussage eine Ohrfeige der Ratlosigkeit. Zusammen mit seinem Vorhaben, die Vermögenssteuer auf Aktien und Fonds einzuführen, macht er genau das, was ein Finanzminister nicht tun sollte. Er möchte eine zusätzliche Steuer einführen, die sich direkt an die Bürgerinnen und Bürger richtet, die Ihre private Altersvorsorge mit Ihrem bereits versteuerten Einkommen aufstocken möchten. Statt seine braven Steuerzahler zu ermutigen den eigenen Vermögensaufbau durch Investitionen in die Wirtschaft zu tätigen und damit zwei Fliegen mit einer Klappe zu schlagen, resigniert er scheinbar vor der Nullzinsphase.

Wirft man einen Blick gen Norden, wird man feststellen, dass es durchaus anders geht. Norwegen hat einen eigenen breit gestreuten Rentenfonds – übrigens der größte Staatsfonds der Welt - mit einer sehr anschaulichen Rendite. Dieser Fonds garantiert eine Mindestrente für jeden Norweger. Das einzige Problem daran ist, dass wir nicht in Norwegen leben! Natürlich kann man die Bundesregierung dafür kritisieren, dass das deutsche Rentensystem veraltet und existenzbedrohend ist. Am Ende hilft kein vorwurfsvoller Blick, man muss selbst agieren.

4.2. Die betriebliche Altersvorsorge

Neben Riester-Rente und Lebensversicherung besteht auch die Möglichkeit, in die betriebliche Altersvorsorge einzuzahlen. Jeder Arbeitnehmer in Deutschland hat einen Anspruch über seinen Arbeitgeber für die Rente vorzusorgen. Sollte dein Unternehmen eine hauseigene Altersvorsorge für dich aufbauen, ohne Zuzahlung deinerseits, ist dies hervorragend für dich und sollte dankend angenommen werden.

Ohne die volle Unterstützung durch deinen Arbeitgeber kannst du auch selber in eine betriebliche Altersvorsorge einzahlen. Das letzte Wort bei der Versicherungswahl hat dabei aber immer dein Arbeitgeber. Diese Form der betrieblichen Altersvorsorge nennt sich Entgeltumwandlung. Im Regelfall lohnt sich der Abschluss eines solchen Vertrages nur, wenn dein Arbeitgeber den Vertrag vernünftig bezuschusst. Seit 2019 ist der Arbeitgeber dazu verpflichtet, bei Neuverträgen mindestens 15 % als Zuschuss beizusteuern. Je höher der Zuschuss des Arbeitgebers, desto profitabler wird es für dich.

Einzahlungen in den Vertrag sind bis zu einer Höhe von 268,00 € pro Monat steuer- und sozialversicherungsfrei und bis 536,00 € monatlich immerhin noch steuerfrei. Wie auch bei der gesetzlichen Rentenversicherung, unterliegen die Auszahlungen dann aber nach Renteneintritt der Einkommensteuer und sind oberhalb des derzeitigen Freibetrags von 155,75 € sozialversicherungspflichtig. Ab dem Jahr 2020 soll dieser Freibetrag jährlich erhöht werden. Zumindest eine kleine Entlastung für die geschundene Vorsorge-Seele. Durch das geringe Einkommen im Alter solltest du dadurch einen kleinen Steuervorteil erwirken können. Ob sich die betriebliche Altersvorsorge in Form der Entgeltumwandlung am Ende für dich rentiert, hängt stark vom Einzelfall ab. Wenn dir dieses Rentenmodell zusagt, wirf doch einfach einen genaueren Blick darauf. In diesem

Ratgeber möchte ich mich in erster Linie auf die private Altersvorsorge konzentrieren.

4.3. Die private Altersvorsorge

4.3.1. Die fondsgebundenen Riester-Renten und Lebensversicherungen

Bei einer fondsgebundenen Riester-Rente oder fondsgebundenen Lebensversicherung werden die eingezahlten Beiträge und Zulagen in Aktien bzw. Fonds investiert. Neben der richtigen Auswahl der Aktien – meist wird in Fonds, also in ein Sammelbecken von Einzelaktien investiert – sind besonders die Kosten deines Vertrages das ausschlagende Kriterium für die Entwicklung deines Kapitals. Die Kostenstruktur findest du in deinem Vertrag beziffert. Dabei sind zwei besondere Kennzahlen zu beachten:

TER (Total Expense Ratio oder Gesamtkostenquote) ist die jährliche Gebühr, die von deinem Investmentfonds ausgeht, auch Haltekosten genannt. Der Name ist jedoch etwas irreführend, da nur der größte Teil der Kosten beziffert ist, aber nicht die Gesamtheit der Kosten. Dennoch ist die Kennzahl aussagekräftig genug, um sie zu verwenden.

Heutzutage gibt es genügend Angebote an passiven Fonds, die eine jährliche Gesamtkostenquote von unter 0,5 % haben. In vielen Verträgen, die mir bisher vorlagen, lag die TER um die 2 %. Folglich dem vierfachen der erträglichen Kosten für einen soliden Fonds.

Zusätzlich ist noch der Ausgabeaufschlag, also der prozentuale Kostenabzug beim Kauf des Fonds zu berücksichtigen (Anschaffungskosten). Soll heißen, dass du bei einer monatlichen Einzahlung von 100,00 €, bei einem Ausgabeaufschlag von 5%, nur 95,00 € in den Fonds real einzahlst. Viele Onlinebroker bieten die Einzahlung bereits zu einem Ausgabeaufschlag von 1,5 % an.

Solltest du Probleme bei der Ermittlung der Kosten haben, da diese zum Teil in den Verträgen ungünstig für den Vertragsnehmer platziert sind, kannst du dich direkt an deinen Berater wenden.

Nehmen wir an, du schließt einen fondsgebundenen Vorsorgevertrag bei deiner Bank oder deinem Finanzberater ab, der in einen aktiven Fonds investiert.

Du denkst wahrscheinlich, dass dein Bank- oder Finanzberater dir niemals so einen schlechten Vertrag

andrehen würde? Leider weit gefehlt. Auch Berater haben meist nur eine begrenzte Auswahl an Produkten, die Sie verkaufen dürfen und diese sind in der Regel nicht die kostengünstigsten Verträge für den Verbraucher.
Ein befreundeter Bankkaufmann erzählte mir, dass er nach Übernahme eines Kunden aus dem Staunen nicht mehr rauskam. Einem vermögenden älteren Ehepaar wurden vom vorigen Bankberater nach und nach Bausparverträge verkauft. In Summe hatten die Herrschaften nach der jahrelangen Beratung der Bank insgesamt acht Bausparverträge auf ihren Namen laufen. Aus Sicht des Beraters eine äußerst lukrative Angelegenheit, da zu diesem Zeitpunkt die Marge bei Bausparverträgen sehr hoch war und er so seine vorgegebenen Verkaufszahlen liefern konnte.

Doch nicht alle Finanzprodukte sind von Grund auf Feinde deiner Altersvorsorge. Die allseits bekannte Riester-Rente kann durchaus eine ordentliche Rendite abwerfen. Auch hier gilt das Kredo der Selbstständigkeit. Wenn du deinen Vertrag über einen Vermittler abschließt, sei es Bank- oder Finanzberater, wird auch dieser einen Teil deiner Rendite für sich abschöpfen. Und genau darin liegt das Problem. Auch wenn die Gebühren für den Vermittler auf dem Papier recht mickrig aussehen mögen, über einen Ansparhorizont von dreieinhalb Jahrzehnten können dabei enorme Summen zusammenkommen. Zur Verdeutlichung:

Bei einer Ansparphase von 35 Jahren mit einer monatlichen Einzahlung von 200,00 € und einer Rendite von 4% pro Jahr nach Abzug aller Gebühren, aber vor Steuern, käme man auf ein Kapital von rund 180.600,00 € (bei einem eingezahlten Kapital von 84.000,00 €). Gesetzt den Fall, du setzt dich mit dem Thema Riester-Rente nur ein wenig auseinander, und schließt den Vertrag ohne Berater ab, steigerst du direkt deine Rendite. Nach Abzug dieser Kosten kann durchaus ein Zuwachs von 2% der jährlichen Rendite erwartet werden. Selbes Beispiel mit einer jährlichen Rendite von 6% würde dein Kapital nach den 35 Jahren auf über 276.100,00 € ansteigen lassen (ebenfalls 84.000,00 € eingezahltes Kapital). Eine satte Differenz von 95.500,00 €. Das ist also der beispielhafte, aber durchaus realistische Gegenwert für die eigene Recherche. Spätestens dieses Rechenbeispiel sollte den Anstoß geben, sich mit der eigenen Altersvorsorge zu beschäftigen. Bei derzeit über 16 Millionen abgeschlossenen Riester-Verträgen[2] ein äußerst lukratives Geschäft für die Vermittler

[2] Bundesministerium für Arbeit und Soziales: https://www.bmas.de/DE/Themen/Rente/Zusaetzliche-Altersvorsorge/statistik-zusaetzliche-altersvorsorge.html Stand: 2. Quartal 2019, abgerufen am 10.11.2019

solcher Verträge.

Der Grundgedanke des Staates, mit Zulagen die Altersvorsorge seiner Bürger zu fördern ist grundlegend ein gutes Konzept. Besonders bei Familien mit Kindern oder Singles mit einem jährlichen Bruttoeinkommen von über 60.000,00 € können diese Verträge ein guter Zusatz zur gesetzlichen Rentenversicherung darstellen. Aber wie bereits beschrieben, gibt es eine sehr breite Spanne an Verträgen, die je nach Einzelfall mehr oder weniger rentabel für den Vertragsnehmer sind. Solltest du bereits „riestern", lohnt sich also der Blick in die Vertragsunterlagen, um über eine Stilllegung nachzudenken und den Umstieg auf einen neuen Riester-Vertrag. Hierzu ein paar allgemeine Daten, die im Einzelfall abweichen können und eine genauere Betrachtung unabdingbar machen:

Aufgrund gesetzlicher Regelungen erhält jeder Vertragsnehmer eine jährliche Mitteilung über den derzeitigen Stand.

Jeder Sparer erhält eine jährliche Grundzulage von 175,00 € zzgl. 185,00 € oder 300,00 € pro Kind, je nach Geburtsjahr des Kindes. Sparer unter 25 Jahren erhalten einen einmaligen Bonus von 200,00 €.

Wie bei allen Finanzprodukten gibt es auch bei der Riester-Rente teurere und günstigere Verträge.

Innerhalb der ersten 5 Jahre nach Abschluss des Vertrages lohnt meist eine Stilllegung, aber keine Kündigung.

Verträge die vor 2006 abgeschlossen wurden, haben teilweise trotz erhöhter Kosten eine ordentliche Rendite, da zum Zeitpunkt des Abschlusses auch die Zinsen auf einem höheren Stand als heute waren.

Nahezu jeder von uns achtet beim Kauf von Produkten des täglichen Bedarfs, Kleidung und anderen Konsumgütern auf Sonderangebote und vergleicht akribisch die Preise über Vergleichsportale. Nur bei der eigenen Altersvorsorge scheint sich jeder auf den Wohlstand der anderen zu konzentrieren und vergisst dabei, um welche Summen es sich schlussendlich dreht, aufgrund des langen Anlagehorizontes. Wenn du also immer noch der Meinung bist, man müsse sich mit dem Thema nicht weiter beschäftigen, habe ich anscheinend noch nicht überzeugend genug argumentiert. Vielleicht helfen dir die weiteren Kapitel dabei, deine Meinung zu ändern.

4.3.2. Private Altersvorsorge mit Indexfonds

Ende 2018 gab es in Deutschland rund 10,3 Millionen Anleger, die in Aktien und Fonds investiert waren. Dies entspricht einer Aktionärsquote von 12,44 %. Eine relativ geringe Quote im Vergleich zu anderen Industriestaaten. Und eine besonders geringe Quote, wenn man rückblickend auf die durchschnittliche Rendite schaut, die in den letzten Jahren mit ganz simplen Anlagestrategien erzielt werden konnte. Im 6. Kapitel erkläre ich dir, was du über den Aufbau eines Aktiendepots mit Hilfe von Indexfonds wissen musst.

5. Immobilien

Deine Altersvorsorge muss nicht nur aus den standardisierten Finanzprodukten bestehen. Eine gute Altersabsicherung umfasst genauso das eigene Zuhause. Wer es geschafft hat, seine Immobilie - sei es in Form einer Wohnung oder eines Hauses - bis zum Renteneintritt abzuzahlen, spart enorme monatliche Fixkosten ein. Sobald du das Gefühl hast, dein Vagabundenleben an den Nagel hängen zu können, um sesshaft zu werden, bietet sich der Kauf einer eigengenutzten Immobilie an. Auch wenn die Preise derzeit in schwindelerregenden Höhen verweilen, solltest du nicht auf das Platzen der vermeintlichen Immobilien-Blase warten. Die designierte Präsidentin der Europäischen Zentralbank, Christine Lagarde, bestätigte erst im September 2019, dass auch in den nächsten Jahren weiter an der derzeitigen Zinspolitik festgehalten werden soll.

Genau wie alle anderen Güter unterliegt auch der Immobilienmarkt der Inflation, weshalb in den kommenden Jahren mit einem Anstieg der Preise durchaus zu rechnen ist, wenn auch weitaus weniger rasant im Vergleich zu den Vorjahren. Die Ballungsräume befinden sich auf einem Rekordhoch, die Randbezirke und das Umland werden dem

Beispiel aller Voraussicht nachfolgen und einen deutlichen Preiszuwachs erfahren.

Dennoch sollte man beim Kauf eines Eigenheims auch nichts überstürzen, denn neben dem Kaufpreis müssen in der Regel auch die Kaufnebenkosten bezahlt werden in Höhe von rund 13% auf den Kaufpreis (Notarkosten 2%, Grunderwerbsteuer 5%, Makler-Courtage 5,95%). *Diese Zahlen können je nach Bundesland und Makler variieren. Beim Kauf einer Immobilie von den Eltern entfällt die Grunderwerbsteuer.

Sollte ein Umzug in naher Zukunft anstehen, ist folglich dringend abzuraten vom Kauf, da der Wertzuwachs in wenigen Jahren nur sehr selten die 13% übersteigt, um zumindest plus minus null aus dem Immobilien-Kauf herauszugehen.

Der Kauf einer Immobilie muss aber auch nicht zwingend die Königslösung darstellen, entgegen der Meinung vieler. Durch relativ einfache Rechnungen kann man ermitteln, ob das Wohnen in einer Mietwohnung wirtschaftlich einen Vorteil bringt. Aufgrund der hohen Kaufpreise für Immobilien kann unter Umständen das Wohnen in einem Mietobjekt günstiger sein, sofern man die Differenz zwischen Miete und dem Abtrag (Rate im Falle einer Finanzierung) für den Kauf desselben Objektes konsequent spart und das gesparte Geld sinnvoll anlegt bzw. investiert. Eine genauere Betrachtung dieser Rechnung ist sehr stark vom Einzelfall abhängig und würde den Rahmen dieses Ratgebers sprengen. Ein persönlicher Blick ist auf jeden Fall lohnenswert und kann schon ohne abgeschlossenes Mathematik-Studium durchgeführt werden.

5.1. Die eigengenutzte Immobilie

Um einen groben Überblick darüber zu erhalten, wie hoch der Kaufpreis einer Immobilie in deiner derzeitigen finanziellen Lage sein darf, kannst du folgende Rechnung zur Hilfe nehmen.
Monatliche Belastungsgrenze für das Tilgen eines Immobiliendarlehens mal 12 Monate. Das Ergebnis hieraus teilst du durch die Summe von jährlicher Tilgung in % und dem Zinssatz in %. In Zahlen ausgedrückt, hier ein Beispiel:

1.500,00 € (Belastungsgrenze) x 12 Monate = 18.000,00 €
18.000,00 € teilt man nun durch die Summe der Darlehenskonditionen (2,5 % Tilgung und 1,5 % Zinsen = 4,0 % oder auch 0,04)
18.000,00 € / 0.04 (oder 4,0 %) = 450.000,00 €

Bitte beachte, dass auf den monatlichen Abtrag des Darlehens auch noch die normalen Nebenkosten für Heizung, Strom etc., anfallen. Hier rechnet man mit grob 3,00 € pro Quadratmeter Wohnfläche. Mit Hilfe dieser simplen Kalkulation kannst du nun ungefähr einschätzen, wie viel dein zukünftiges Eigenheim kosten darf. Dennoch empfehle ich dir, die Beratung durch eine Bank oder Kreditvermittler durchführen zu lassen, um ein genaues Bild zu bekommen.

5.2. Immobilie als Kapitalanlage

Neben der eigengenutzten Immobilie besteht auch die Möglichkeit eine Wohnung als Kapitalanlage zu kaufen, um sie zu vermieten. Dabei steht in der Regel der Kaufpreis der Wohnung in Verbindung mit der möglichen Kaltmiete, die man mit der Wohnung erzielen kann. Damit die Wohnung keine zusätzlichen Kosten für den Vermieter verursacht, sollte die Bruttomietrendite bei mindestens 5 % liegen. Das bedeutet, dass die jährliche Kaltmiete mindestens 5 % des Kaufpreises sein sollte, damit die eingenommene Kaltmiete die Kosten für das Darlehen und den Hausverwalter deckt.
Ein kleines Beispiel hierzu:
Du teilst den angenommenen Kaufpreis von 120.000,00 € durch 20, um die jährliche Kaltmiete zu ermitteln. Für die

monatliche Kaltmiete teilst du das Ergebnis noch einmal durch 12.
In unserem Beispiel sollte eine Immobilie mit einem Kaufpreis von 120.000,00 € folglich mindestens 6.000,00 € Miete im Jahr und 500,00 € pro Monat abwerfen.
Sollte die Wohnung weniger Miete einbringen, musst du monatlich draufzahlen, um die Kosten zu decken. Hast du mehr Mieteinnahmen, wird voraussichtlich etwas übrigbleiben. Die Kaufnebenkosten (Grunderwerbsteuer, Notar und evtl. Makler) sollten dabei von dir getragen werden. Bei einer Mit-Finanzierung der Kaufnebenkosten durch die Bank wird sich recht sicher auch der Zinssatz zu deinen Ungunsten verändern, da die Kreditsumme dadurch den Wert der Immobilie übersteigt und die Bank an Sicherheit einbüßt.

Wie bei allen anderen Anlageformen birgt jede Rendite auch immer einige Risiken. Mietausfall und teure Sanierungsmaßnahmen, sind nur zwei davon. Um dein eigenes Risiko möglichst gering zu halten, ist es unumgänglich, sich mit der Thematik weiter auseinanderzusetzen. Wenn du also bereits ein wenig Kapital angespart hast, solltest du den Gedanken zumindest in Erwägung ziehen.

6. Aktienmarkt/ETF Portfolio

6.1. Was sind ETFs

Die zuletzt genannte Säule deiner eigenen Altersvorsorge. Bevor du deinen Kindle nun zuklappst und vor dem großen Thema Aktienmarkt resignierst, bitte ich noch ein letztes Mal um deine ungeteilte Aufmerksamkeit. Nach dem Lesen des folgenden Kapitels wirst du einen ersten Einblick bekommen haben, um was es bei dem Thema Aktien geht. Es bedarf keiner jahrelangen Ausbildung, um selbst in Aktien, also in Unternehmen zu investieren. Das Klischee des skrupellosen Börsianers aus den Filmen hat längst ausgedient und gehört im Zeitalter von Google längst nicht mehr zu den Mythen unserer Zeit. Nahezu alle Informationen sind binnen Sekunden online abrufbar und Wissen ist nicht mehr im Schrank der Eltern als Enzyklopädie gebündelt. Dein Weg in den Aktienmarkt könnte anhand von ETFs erfolgen, den sogenannten Exchange Traded Funds, also den börsengehandelten Indexfonds. Im Vergleich zu anderen Fonds werden diese Produkte nicht aktiv von Finanzexperten zusammengestellt, sondern bilden einen Index ab, wie zum Beispiel der DAX (Deutscher Aktien Index). Dieser passive Fonds besteht

aus den 30 größten deutschen Unternehmen, gemessen an ihrem Börsenwert, also der Marktkapitalisierung. Sobald ein Unternehmen eine höhere Marktkapitalisierung erwirtschaftet im Vergleich zu den anderen 29 Unternehmen, steigt auch sein prozentualer Einfluss im Index. Kaufst du also einen ETF auf den DAX, so hast du die 30 größten deutschen Firmen in deinem Portfolio, anstatt alle Aktien einzeln zu kaufen. Allerdings ist es nicht ratsam, ausschließlich in einen Indexfonds zu investieren mit lediglich 30 Unternehmen, die in Abhängigkeit zu dem Wirtschaftswachstum eines einzelnen Staates stehen. Empfehlenswert sind Fonds, die über den gesamten Aktienmarkt breit gestreut sind und über viele Länder verteilt – die sog. Diversifikation.
Einen solchen Indexfonds gibt es auch auf die größten Unternehmen der Welt aus den Industriestaaten (ca. 1600 Unternehmen) und auf die größten Unternehmen der Entwicklungsländer (ca. 1200 Unternehmen).

Ein weiterer Punkt, der für die Anlage in ETFs spricht, ist die steuerliche Behandlung. Auf die Erträge aus Kapitalvermögen zahlt man lediglich 25% Kapitalertragsteuer zzgl. 5,5 % Solidaritätszuschlag auf diese Steuer. Kapitalerträge sind außerdem, im Gegensatz zu vielen anderen Einkunftsarten, nicht sozialversicherungspflichtig, sodass es maximal zu einer Gesamtbelastung von 26,375 % kommt. Sollte euer Durchschnittssteuersatz unterhalb der 26,375 % liegen, wird die Differenz dazu im Rahmen deiner Steuererklärung sogar erstattet. Zusätzlich werden Gewinne erst ab 801,00 € versteuert, bei Ehegatten erst ab 1.602,00 € mittels des Freistellungsauftrages oder der Steuererklärung.

6.2. Wie du anfängst

Als allererstes benötigst du ein möglichst kostenloses Depot bei einer Bank deiner Wahl. Meist bieten Online-Banken solche Depots an. Ich selber habe mein Depot bei Comdirect eröffnet, aber es gibt auch noch zahlreiche andere Anbieter, wie zum Beispiel die Consorsbank, onvista, flatex und die Targo Bank, um nur einige der derzeit gut bewerteten Online-Broker zu nennen. Über einen kurzen Vergleich bei der Suchmaschine deines Vertrauens, kannst du den für dich besten Broker ermitteln. Dabei solltest du unbedingt auf eine renommierte Bank setzen, die bereits einige Jahre am Markt ist.
Auch wenn deine ETFs zum Sondervermögen gehören und deine Anteile im Falle einer Insolvenz deiner Bank speziell geschützt sind, sollte man dennoch nicht blindlings auf eine No-Name-Bank aus dem Ausland setzen.

6.3. Dein erster Sparplan

Fortan könntest du jeden Monat einen Sparplan ausführen lassen und möglichst breit gestreut in den Aktienmarkt investieren. Bei den meisten Depots kannst du mit wenigen Schritten und innerhalb von wenigen Minuten einen Sparplan einrichten um deine beiden Fonds zu besparen. Wie viel Geld du monatlich in deine Altersvorsorge auf Aktienebene investierst, hängt natürlich von deinen derzeitigen Verhältnissen ab, sollte aber in der Regel zwischen 5% und 10% deines monatlichen Netto-Auszahlungsbetrages liegen. Die meisten Banken lassen bereits Sparpläne ab 25,00 € pro Fonds zu.

Um eine möglichst breite Diversifikation (Streuung) über alle Aktienmärkte hinweg zu erreichen, solltest du dich für einen ETF auf den Index MSCI World und den Index MSCI Emerging Marktes entscheiden im Verhältnis von 70% zu 30%. Mit diesen beiden ETFs hast du eine Marktabdeckung von ca. 98%.

Die Höhe deines Sparplanes kannst du jederzeit anpassen. Solltest du über einen Zeitraum hinweg monatlich nicht genügend Geld zum Investieren übrighaben, kannst du deine Sparplanrate nach unten anpassen oder sogar ganz aussetzen. Selbstverständlich kannst du deine monatlichen Einzahlungen auch nach oben korrigieren. Sollte dir aufgrund einer Gehaltserhöhung oder dem Auslauf eines Kredites mehr Geld zur Verfügung stehen, ist auch jederzeit eine Erhöhung des Sparplanes möglich. Du bist somit wesentlich flexibler als bei jedem anderen Rentenmodell.

6.4. Worauf du bei deinen ETFs achten solltest

Ein paar wenige Kennzahlen sollten bei der Auswahl deiner Indexfonds besonders beachtet werden. Auf der Seite *www.justetf.com* kannst du alle folgenden Kennzahlen selber anschauen und dir den passenden ETF auswählen. Zunächst müssen beide Indexfonds sparplanfähig sein. Nur dann ist es möglich die ETFs monatlich zu besparen.

Nun zu den wichtigsten Kennzahlen:

Die Fondsgröße sollte bei mindestens 100 Mio. USD/Euro liegen, damit der ETF nicht aufgelöst wird, im Falle eines Abzuges von Geldern. Auch im Falle einer Schließung des Fonds wäre das investierte Geld nicht verloren. Das Geld wird dann wahlweise in einen anderen Fonds investiert, in einem vom Broker angebotenen Tauschverhältnis mit anderen Fonds oder wird am Schließungstag zum Schlusskurs ausgezahlt.

Die bereits angesprochene Gesamtkostenquote (TER) ist einer der Haupt-Renditekiller neben der Performance des Indexes. Viele ETFs auf den MSCI World und den MSCI Emerging Markets haben eine Kostennote von rund 0.20 % der investierten Summe pro Jahr. In diesem Umfeld sollten sich ungefähr auch die Kosten deiner Anlage bewegen.

Die Marktdauer des Fonds sollte mindestens ein Jahr betragen. Das bedeutet nichts anderes, als dass die Eröffnung des Fonds bereits mindestens ein Jahr her ist.

Thesaurierend oder ausschüttend. Thesaurierend ist ein Fonds dann, wenn er die ausgeschütteten Dividenden kostenfrei wieder in den Fonds reinvestiert. Ein ausschüttender Fonds zahlt euch hingegen jährlich (in der Regel) die Dividenden der im Fonds vertretenen Unternehmen aus, sofern sie eine Dividende an Ihre Aktionäre auszahlen. Dies erfolgt in der Regel direkt nach der Hauptversammlung der Aktiengesellschaft auf Beschluss.

Damit ein ETF den zugrundeliegenden Index auch möglichst genau abbilden kann, werden verschiedene Replikationsmethoden verwendet. Bei der physischen Replikation werden die Aktienanteile exakt anhand der

Gewichtung im Index nachgekauft. Bei der synthetischen Replikation wird die Wertentwicklung des Indizes künstlich nachgebildet, indem der Kunde nur die Rendite oder Verluste der Entwicklung erhält, ohne dass die einzelnen Aktien eins zu eins nachgekauft werden. Ich selber investiere momentan nur in physisch replizierende ETFs, aber das ist reine Geschmackssache und muss bei der Wahl des ETFs keine übergeordnete Rolle spielen.

6.5. Auch in andere ETFs investieren?

Wenn du dich mit dem Thema auseinandergesetzt hast, wirst du feststellen, dass es zu jeder Region und zu vielen Branchen eigene ETFs gibt. Viele Anleger neigen zum sog. „Home Bias“, also der Übergewichtung von Unternehmen aus dem direkten territorialen Umfeld. Statt breit über die gesamte Marktwirtschaft sein Vermögen zu streuen, wird nahezu ausschließlich in Unternehmen investiert, die in Deutschland ansässig sind und hier ihren Hauptsitz innehaben. Diese patriotische Anlagestrategie kann ich durchaus nachvollziehen, schneidet aber deine Rendite tendenziell ab. Historisch betrachtet hat sich der US-amerikanische Markt deutlich besser entwickelt als der deutsche Aktienmarkt. Vor diesem Hintergrund ist es daher nicht wirklich sinnvoll, den deutschen Markt im Depot überzugewichten. Wenn du dich weiterführend mit dem Thema auseinandersetzen möchtest, besteht die Möglichkeit mit Hilfe von verschiedenen ETFs eine andere Gewichtung der Unternehmen vorzunehmen. Es gibt eine ganze Reihe von Indexfonds, die sich auf einzelne Märkte und Industriezweige spezialisiert haben. Wie du die Gewichtung in deinem Depot haben möchtest, ist reine Geschmackssache. Ich möchte dir lediglich die einfachste Methode vorstellen, wie du mit wenig Aufwand und einer geringen Anzahl an ETFs breit in den Markt investieren kannst.

6.6. Die Gewichtung der einzelnen ETFs

Bitte beachte, dass es sich bei den untenstehenden prozentualen Verteilungen nur um eine Momentaufnahme handelt, da sich die Aktienanteile der einzelnen Staaten sekündlich ändern. Die Gewichtung der einzelnen Staaten innerhalb der ETFs:

MSCI World

- USA 62,8 %
- Japan 8,1 %
- Großbritannien 5,66 %
- Frankreich 3,81 %

- Kanada 3,43 %
- Schweiz 3,11 %
- Deutschland 2,96 %
- Australien 2,38 %

und weitere Staaten...

Nicht erst bei genauerem Hinsehen kann man erkennen, dass die USA deutlich übergewichtet ist im MSCI World Index. Schaut man aber auf die Entwicklung der Märkte der letzten 30 Jahre zurück, ist dies in Anbetracht des stark wachsenden Marktes in den Vereinigten Staaten auch durchaus berechtigt.

MSCI Emerging Markets

Der MSCI Emerging Markets Index zeichnet sich insgesamt über 26 Entwicklungsländer hinweg mit der folgenden Gewichtung:

- China 31,55 %
- Süd-Korea 12,37 %
- Taiwan 10,83 %
- Indien 8,97 %
- Brasilien 7,65 %

und weitere Staaten...

Beide Indexfonds sind jedoch nicht nur über eine Vielzahl

von Staaten verstreut, sie bilden ebenfalls ein breites Bild über nahezu alle Branchen hinweg.

6.7. Der Börsencrash

Eines ist so gut wie sicher, der nächste Börsencrash wird kommen. Aus allen Himmelsrichtungen werden Stimmen laut, man solle seine Aktien verkaufen, da die Talfahrt gerade erst begonnen habe und man schnell verkaufen solle, um weiteren Verlusten entgegenzutreten. Wann dieser Crash kommen wird, ist jedoch völlig offen. Die derzeitige Marktlage lässt die Stimmen von sog. Crash-Propheten immer lauter werden, dass es bald losgehen könnte. Dieses Stimmungsbild hält sich bereits seit einigen Jahren aufgrund des stark wachsenden Aktienmarktes. Man vertraut eher den Menschen, die das Unheil predigen, anstelle derer, die voller Lobes sind. Dennoch kommen die Märkte nach jedem kleinen Rückschlag wieder zurück auf neue Allzeitshochs, trotz der anhaltenden Gewinnrezession. Vermutlich nicht zuletzt aufgrund der unterstützenden Geldmarktpolitik der Europäischen Zentralbank. Durch ihre expansive Geldpolitik werden die Märkte sogar bei Gewinnrezession gestützt. Aber sollte dies der Grund sein, nicht mehr in den Aktienmarkt zu investieren?

In deiner Ansparphase bis zur Altersvorsorge wirst du vermutlich mindestens zwei solcher Crashs miterleben. Aber du bist kein Trader und auch nicht auf kurzfristige Gewinne aus, sondern möchtest langfristig eine Altersvorsorge aufbauen. Ein Crash ist eher positiv zu betrachten, da du in dieser Zeit günstiger investieren kannst und somit deine Rendite steigern kannst, solange du kontinuierlich jeden Monat investierst. Das Wichtigste in der Phase eines Crashs ist wie so oft im Leben: einen kühlen Kopf bewahren, die aktuellen News ignorieren und langfristig denken!

Während viele Anleger mit Verlust verkaufen, aus Angst vor weiteren Ausbrüchen nach unten, besparst du weiter deine ETFs. Vergleiche das Ganze mit einer Immobilie. Sollten die Immobilienpreise doch einmal fallen, spielt es für dich keine Rolle, da du weiterhin in der Immobilie wohnen bleibst und die Schwankungen des Marktes absolut keine Auswirkungen auf dein Leben haben, solange du nicht verkaufst. So ähnlich ist es auch mit deinen Investments, solange du dein Depot nicht auflöst, beziehungsweise deine Indexfonds verkaufst. Das solltest du weder während eines Crashs machen, noch während eines seit Jahren aufstrebenden Marktes, schließlich geht es um deine Altersabsicherung und nicht um eine kurzfristige

Gewinnmitnahme.

Einen Börsencrash muss man aber nicht mit verlorenem Kapital gleichsetzen, sondern als Chance sehen, die Werte günstiger einkaufen zu können. Der cost-average-effect (Durchschnittskosteneffekt) ist hier das richtige Stichwort. Bei einer gleichbleibenden Sparrate, im Falle eines Crashs, erhältst du, beispielsweise bei einem Rückgang um 50 % des Ursprungswertes des ETFs, die doppelte Anzahl an Anteilen. Sollte der zugrundeliegende Index in den anschließenden Jahren wieder auf den Ursprungswert zurückklettern, ist der Wert um 100% gestiegen, vom Tiefpunkt aus gerechnet. Dies bedeutet, dass du den Ausschlag nach unten nutzen konntest, um deinen Depotwert zu steigern. Im Gegenteil zu einem Einmalkauf, hättest du dadurch eine Überrendite erzielt. Aber auch hier gibt es natürlich Pro und Contra Argumente, ob man sein Erspartes einmalig anlegt oder konstant investiert. Allein aus psychologischen Gründen habe ich mich für den Weg der Kontinuität – also dem monatlichen Sparplan - entschieden. Ein Sprichwort besagt: Time beats Timing. Verschwende keine Zeit daran den richtigen Einstiegspunkt zu finden, denn das ist nahezu unmöglich, sondern halte deine Anlage über einen möglichst langen Zeitraum. Am Ende wirst du weniger Rendite erzielen, wenn du auf den richtigen Einstiegspunkt wartest, anstatt direkt zu investieren.

6.8. Einzelaktien, Anleihen und Rohstoffe

Für diejenigen unter euch, die sich weiterführend mit dem Thema beschäftigen möchten, gibt es auch die Möglichkeit, in Einzelwerte zu investieren. Dies erfordert allerdings ein enormes Grundwissen und das stetige Weiterbilden hinsichtlich der Marktlage des Unternehmens und deren Kennzahlen. Es empfiehlt sich daher nicht blind in irgendwelche Aktien zu investieren, ohne eine vorige genaue Analyse des Unternehmens. Auch eine akribische Analyse kann natürlich nicht vor Kursverlusten schützen. Wenn dich das Thema dennoch interessiert und du einen Eindruck gewinnen möchtest, wie man ein Unternehmen sorgfältig analysiert, empfehle ich die Seite www.alleaktien.de. Dort findest du zahlreiche, teilweise kostenlose, gut recherchierte Einschätzungen von börsennotierten Qualitätsunternehmen aus der ganzen Welt.

Neben Einzelaktien besteht auch die Möglichkeit, sein Portfolio mit weiteren Werten aufzustocken. Der Kauf von Anleihen, Rohstoffen wie Gold oder anderen Fonds können deinem Depot ein wenig mehr Diversifikation und Stabilität bescheren. Es gibt eine Reihe von wirklich gut strukturierten Weltportfolios (u. a. von Ray Dalio und Dr. Gerd Kommer) die zu einem bestimmten Prozentsatz auch in diese Assetklassen investieren. Ich selber habe mich dafür entschieden, ausschließlich in ETFs und Einzelaktien zu investieren.

Solltest du irgendwann auf die Idee kommen, nach reichlicher Recherche und der Aneignung von genügend Know-how in einzelne Unternehmensaktien zu investieren, so verfalle nicht der so genannten Finanzpornografie. Immer wieder wirst du erleben, wie bestimmte modische Werte mit Kaufempfehlungen angepriesen werden. Man gehe von enormem Wachstum aus in diesen neuen Branchen, bei geringem Risiko mit astronomischen Renditen. Das klingt zu schön um wahr zu sein? Genauso ist es auch. Diese Versprechungen einiger vermeintlicher Journalisten in Artikeln und Blogeinträgen sind eher als Werbung zu verstehen. Wir leben in einer Zeit, in der nicht zuletzt Politiker begriffen haben, dass man mit extremen Aussagen die Menschen am besten erreichen kann. Das Auslösen von starken Gefühlen wie Angst und Gier funktionieren einfach zu gut, um daraus keinen Profit zu schlagen. Wenn etwas zu schön klingt, ist immer auch ein Haken dran. Lass dich daher nicht von den Mega-Trends wie Wasserstoff- oder Cannabisaktien ködern, sondern setze auf Unternehmen, die bereits viele Jahre im Geschäft sind und ordentliche Zahlen aufweisen können. Es gibt keine Anlagestrategie, die in allen Marktphasen besser läuft als der allgemeine Marktindex. Erst wenn du das verstanden hast, bist du gefeit vor den aberwitzigen Versprechen der Finanzwelt mit astronomischen Chance-Risiko-Verhältnissen. Rendite steht immer im Verhältnis zum Risiko. Soll heißen, dass du bei einer hohen Rendite auch von einem hohen Risiko ausgehen kannst und umgekehrt.

7. Schlusswort

Vielen Dank, dass du dich für meinen Ratgeber entschieden hast und bis zum Ende durchgehalten hast. Ich hoffe, ich konnte etwas Licht ins Dunkel bringen und zumindest einen Teil der Leser dazu bewegen, ihre Altersvorsorge in die eigenen Hände zu nehmen und sich nicht in die provisionslüsternden Fänge der Bank- und Finanzberater zu schmeißen.

Ich kann dir als Leser leider nur meine Meinung nahebringen und darauf hoffen, dass auch du dich mit dem Thema weiter auseinandersetzt und anfängst, deine Altersvorsorge selbst in die Hand zu nehmen. Ob du nun neben der gesetzlichen Rentenversicherung noch eine Riester-Rente abschließt zu vernünftigen Konditionen, eine betriebliche Altersvorsorge oder aber breit gestreut in den Aktienmarkt investierst, ist einzig dir überlassen und sollte an deine Wünsche und Vorstellungen angepasst sein.

Die beiden wichtigsten Punkte: Anfangen zu investieren und sich weiter mit dem Thema Altersvorsorge beschäftigen. Hierzu gibt es nicht nur herausragende Lektüre von Dr. Gerd Kommer mit seinem Werk "Souverän investieren mit Indexfonds & ETFs", sondern auch zahlreiche lesenswerte Blogs, Artikel und Videos. Es war noch nie so einfach an qualitativ hochwertige Informationen zu gelangen wie heute. Nutze deine Zeit!

Hat es dir gefallen, dann bewerte dieses Buch, hat es dir nicht gefallen, dann schreibe doch einfach eine Mail. Für weitere Tipps, Vorschläge und Anregungen zur Verbesserung dieses Ratgebers bin ich sehr dankbar!

Gerne per Mail, unter Nennung des Buchnamens, an: info@tmmg-verlag.de

8. Haftungsausschluss

Die vorstehenden Wörter des Autors basieren auf einer monatelangen Recherche und können dennoch keine Gewährleistung bieten in Hinsicht auf Vollständigkeit, Richtigkeit und Aktualität der Daten. Bei den Angaben handelt es sich um Meinungen und Ansichten und nicht um Anlage-, Steuer- oder Rechtsberatung. In alle genannten Produkte des Aktienmarktes (abgesehen vom DAX ETF) ist der Autor selbst investiert. Dies bietet aber keine Sicherheit für Gewinne und schützt nicht vor Verlusten. Dieser Ratgeber ist als journalistische Information zu verstehen und stellt keine Aufforderung zum Kauf und Verkauf von Aktien, Fonds oder anderen Finanzprodukten dar.

Sämtliche genannten Bücher, Internetseiten und andere Produkte dienen lediglich als Tipp und Hinweis und sind ausdrücklich keine bezahlte Werbung seitens der Autoren und Betreiber.

Impressum

TMMG Verlag
Torsten M. M. Grimmelt
Arnswaldtstr. 31
30159 Hannover

info@tmmg-verlag.de
www.tmmg-verlag.de

Printed in Poland
by Amazon Fulfillment
Poland Sp. z o.o., Wrocław

57106987R00031